BOEKANALYSE

Le Grand Meaulnes

· · · · · · · · · · · · · · · ·

Alain-Fournier

BOEKANALYSE

Geschreven door Pauline Coullet
Vertaald door Nikki Claes

Le Grand Meaulnes

ALAIN-FOURNIER

ALAIN-FOURNIER

FRANSE SCHRIJVER

- Geboren in La Chapelle-d'Angillon, Frankrijk in 1886.
- Overleden in Saint-Rémy-la-Calonne, Frankrijk in 1914.
- Opmerkelijke werken:
  - *Wonderen* (1924), gedichten en korte verhalen
  - *Correspondance avec Jacques Rivière* ("Correspondentie met Jacques Rivière", 1926), brieven
  - *Colombe Blanchet* (1990), onvoltooide roman

Henri-Alban Fournier, bekend als Alain-Fournier, werd geboren in Low Berry in de Sologne in het noorden van Frankrijk, waar hij zijn jeugd doorbracht. Zijn ouders waren onderwijzers. Hij droomde er aanvankelijk van zeeman te worden en ging studeren aan de zeevaartschool van Brest, maar stopte daarmee. Daarna studeerde hij literatuur, maar zakte voor het toelatingsexamen tot de prestigieuze École Normale Supérieure. Hij onderbrak zijn studies om zijn militaire dienst te vervullen. Hij nam dienst tijdens de Eerste Wereldoorlog (1914-1918), en sneuvelde in 1914 tijdens een verkenningsmissie in Saint-Rémy-la-Calonne in het departement Meuse in het noordoosten van Frankrijk. Hij was 27 jaar oud.

Door zijn vroegtijdige dood voltooide hij slechts één roman: *Le Grand Meaulnes* (1913), dat in het Engels is vertaald onder verschillende titels, waaronder *The Wanderer*, *The Lost*

Domain en *The Lost Estate*. Hij schreef brieven die na zijn dood werden gepubliceerd, met name aan zijn vriend Jacques Rivière (Frans schrijver, 1886-1925), en was in 1914 begonnen aan een toneelstuk, *La Maison dans le forêt* (*Het huis in het bos*), dat te kort was om te worden gepubliceerd, en aan een roman, *Colombe Blanchet*.

LE GRAND MEAULNES

EEN CHARMANTE KLASSIEKER

- **Genre:** roman

- **Referentie-uitgave:** Alain-Fournier, H. (2007) *Het verloren landgoed (Le Grand Meaulnes)*. Trans. Buss, R. Londen: Penguin.

- **1e editie:** 1913

- **Thema's:** volwassenwording, vriendschap, adolescentie, dromen, het fantastische

Le Grand Meaulnes werd gepubliceerd in 1913 en is Alain-Fourniers enige voltooide roman. Het beschrijft de impact die de komst van de mysterieuze Augustin Meaulnes heeft op het leven van François Seurel, de tienerzoon van een onderwijzer in het fictieve dorp Sainte-Agathe, dat de auteur situeert in zijn geboortestreek de Sologne.

De roman verscheen eerst in het literaire tijdschrift *La Nouvelle Revue Française*, daarna als boek bij uitgeverij Émile-Paul Frères. Het werd genomineerd voor de Prix Goncourt, maar won niet. Sinds de eerste publicatie meer dan een eeuw geleden heeft de roman voortdurend succes gekend. In 1999 stond het op de negende plaats op de lijst van de 100 boeken van de eeuw van de Franse krant *Le Monde*. Er zijn in totaal meer dan vijf miljoen exemplaren van verkocht en het als een meesterwerk.

SAMENVATTING

DEEL EEN

François Seurel, de 15-jarige verteller, woont in Sainte-Agathe op het terrein van de school waar zijn vader geeft. Op een zondag in november komt een 17-jarige jongen, Augustin Meaulnes, naar de school. Zijn moeder, een rijke weduwe, heeft besloten hem bij de Seurels onder te brengen, zodat hij de lessen van François' vader kan volgen en examen kan doen om onderwijzer te worden. De nieuwe jongen krijgt al snel de bijnaam "De Grote Meaulnes" van de leerlingen in de klas, omdat hij ouder is dan zij en een natuurlijke leider. François is gewend veel tijd alleen door te brengen, maar de komst van Augustin verstoort deze rustige routine en markeert het begin van een nieuw leven voor hem. Augustin gaat graag op avontuur en speelt met alles wat hij tegenkomt. De eerste keer dat hij François ontmoet, stelt hij bijvoorbeeld voor het vuurwerk aan te steken dat hij zojuist op de zolder van de Seurels heeft gevonden.

Op een dag besluit Meaulnes de klas te verrassen door een paard te spannen om de grootouders van François, de Charpentiers, te ontmoeten op het station van Vierzon, ook al is die taak al een andere leerling toevertrouwd. Augustin komt die dag echter niet terug. s Avonds brengt een man de Seurels hun koets terug zonder chauffeur, maar Meaulnes komt pas vier dagen later terug. François is de enige aan wie hij vertelt wat hem is overkomen.

De dag dat hij verdween, was Augustin alleen van plan de Charpentiers terug te brengen. Hij kende echter de weg niet en verdwaalde. Na verschillende incidenten, waarbij hij het paard verloor, kwam hij op een vreemde en onbekende plaats terecht. Er werd een of ander feest gehouden en kinderen leken de leiding te hebben. Hij vond een slaapkamer en viel uitgeput in slaap. Hij trok wat kleren aan die hij in de kamer had gevonden, zodat hij eruit zag als een gast, en sloot zich aan bij de viering. Hij vernam dat de gasten wachtten op Frantz de Galais, de zoon van de eigenaar van het kasteel. Frantz was op zoek gegaan naar een meisje uit Bourges dat hij op weg naar huis van een reis had ontmoet, om haar mee terug te nemen en met haar te trouwen. Frantz schijnt een grillige jongen te zijn die de zaken in het kasteel regelt: om zijn verloving met zijn verloofde te vieren, organiseerde hij dit feest waarbij oud en jong en arm, allen gekleed in klederdracht uit die tijd, bijeenkwamen. In alle hoeken van het huis waren kinderen en het hele kasteel was voor de gelegenheid versierd. De volgende dag, tijdens een boottocht georganiseerd door de eigenaar van het kasteel, ontmoette Augustin Frantz' zus Yvonne de Galais en werd verliefd op haar. Die avond trof hij Frantz in zijn kamer aan en de veelbesproken jongeman vertelde hem dat zijn verloofde niet was gekomen en dat het feest voorbij was. In de koets terug naar Sainte-Agathe hoorde Augustin een knal en zag hij een Pierrot (een Franse pantomimefiguur met een wit gezicht en flodderige kleren) die hij op het feest had ontmoet met een menselijk lichaam.

Zodra hij terug is, wil Meaulnes, die alleen een zijden vest heeft als bewijs van zijn ongelooflijke avontuur, zo snel mogelijk terug naar deze vreemde plek. Hij weet echter niet hoe hij daar moet komen. Hij besluit een kaart te tekenen waarmee hij de weg terug kan vinden. Wanneer hij de helft van de route heeft getekend, dringt hij er bij François op aan om met hem te vertrekken. Hoewel François erg enthousiast is over het project, slaat hij het aanbod af, omdat hij liever wacht tot de school voorbij is. Ze stellen hun vertrek uit tot de zomer.

DEEL TWEE

Op een avond, wanneer François denkt dat Augustin het verloren land is vergeten, worden de twee jongens overvallen: de groep, geleid door een jongen met een blinddoek, steelt de kaart die Meaulnes had opgesteld om de weg terug te vinden naar het mysterieuze landgoed. De volgende dag op school een zigeuner zich bij de klas. Omdat hij een blinddoek draagt, beseffen Augustin en François onmiddellijk dat hij de leider van de groep is en wraak wil nemen voor de hinderlaag van gisteren. De nieuwe jongen wil hen echter alleen maar helpen: na het teruggeven van de kaart, die nu voltooid is, vertelt hij. Augustin dat hij ook op het vreemde feest was. Hij geeft hem zelfs Yvonne's adres in Parijs in ruil voor zijn vriendschap.

De zigeuner woont in een woonwagen met zijn vriend Ganache op het kerkplein. Op een dag, terwijl ze optreden in een klein circus dat ze hebben opgezet, doet de zigeuner zijn blinddoek af. Meaulnes herkent hem onmiddellijk als Frantz de Galais. Hij werd wanhopig nadat zijn verloofde hem had verlaten en zelfmoord te plegen door zichzelf neer te schieten, wat zijn verband verklaart. Hij vertrok toen met Ganache, en leidt sindsdien een ellendig, nomadisch leven. Vervolgens loopt hij zonder enige uitleg weg. Enige tijd later besluit Meaulnes zijn studie in Parijs voort te zetten. Hij laat François alleen achter in Sainte-Agathe, maar vindt Yvonne niet.

Nadat Meaulnes is vertrokken, raakt François bevriend met Boujardon, Delouche en Roy, studenten die hij eerder als vijanden omdat ze jaloers waren op Meaulnes. Hij onthult het geheim van Augustin en vertelt hen over zijn avontuur, maar voelt zich daar achteraf slecht over. François heeft slechts drie brieven van zijn vriend ontvangen, waarin Augustin hem vertelt over zijn leven in Parijs: een jong meisje heeft hem verteld dat een jongen die nu dood is en een jonge vrouw die nu getrouwd is, vroeger hun vakantie doorbrachten in het huis dat verondersteld wordt toe te behoren aan Yvonne de Galais. Meaulnes beseft dat dit betekent dat Yvonne getrouwd is, en wordt overmand door wanhoop. Hij vertelt François dat het avontuur nu voorbij is en vraagt hem het avontuur en hemzelf te vergeten.

DEEL DRIE

De jaren gaan voorbij en François wordt leraar. Tijdens een wandeling vertelt Delouche hem dat hij in de buurt van Le Vieux-Nançay een landgoed met de naam Les Sablonnières heeft bezocht, waar een oudere officier en zijn dochter wonen. Dankzij zijn beschrijving en het feit dat hij de excentrieke zoon van de eigenaar van het kasteel noemt, die François herkent als Franz, beseft hij dat dit het naamloze landgoed is van eerder. Vervolgens gaat hij op bezoek bij zijn oom, die in Le Vieux-Nançay woont. Hij vindt snel Yvonne de Galais in de winkel van haar vader, en gaat dan op zoek naar Meaulnes in het huis van zijn moeder in La Ferté-d'Angillon.

Als Meaulnes het nieuws hoort, lijkt hij verrassend verdrietig en aarzelt hij om mee te gaan. François overtuigt hem uiteindelijk om mee te gaan op een door zijn oom georganiseerd uitstapje naar het platteland. Tijdens het uitstapje ontmoet Meaulnes Yvonne de Galais, die hem onmiddellijk herkent. Die avond breekt Augustin in tranen uit en vraagt haar ten huwelijk. De twee trouwen in februari van het volgende jaar.

Meaulnes en Yvonne wonen samen in het kasteel op het verloren landgoed waar hij al zo lang van droomt, maar ongeluk lijkt de jongeman te achtervolgen: op zijn trouwdag keert Frantz de Galais terug en eist zijn recht op geluk op van Augustin. Frantz heeft hem eerder geholpen bij het vinden van zijn verloofde en het verdwenen landgoed, en dus wil hij in ruil daarvoor, ter ere van hun belofte van vriendschap, dat Augustin de verloofde vindt waarnaar hij al zoveel jaren tevergeefs heeft gezocht. Om zijn belofte na te komen gaat Augustin er een paar dagen alleen op uit en brengt het meisje van wie hij houdt terug.

François ontfermt zich vervolgens over Yvonne, die alleen is achtergebleven, en raakt met haar bevriend. Een paar maanden later vertelt ze hem dat ze zwanger is van de baby van Meaulnes. Ze sterft de dag na de geboorte van haar dochter. Haar vader, de oude officier, sterft kort daarna en omdat hij behalve Meaulnes geen directe erfgenamen heeft, laat hij Les Sablonnières aan François na totdat Augustin terugkeert. François en de verpleegsters zorgen voor het kind van Augustin en Yvonne. Op een dag ontdekt hij het dagboek van Augustin, waarin hij had geschreven over zijn verblijf in Parijs, en verneemt dat Meaulnes al lange tijd met een jonge vrouw genaamd Valentine Blondeau en dat hij haar ten huwelijk had gevraagd. Toen hij met haar op vakantie was, ontdekte Meaulnes dat Valentine's vroegere verloofde minder was dan zijn vriend Frantz de Galais. Hij was er kapot van en brak met haar, voordat hij terugkeerde naar het huis van zijn moeder in de provincie. Later werd hij gegrepen door wroeging en begon hij zich zorgen te maken over de vrouw van wie hij had gehouden. Maar toen hij zich klaarmaakte om te vertrekken, kwam François hem vertellen dat hij Yvonne had gevonden. François begrijpt dan de oorzaak van zijn kwellingen: Augustin voelde zich schuldig omdat hij in zekere zin de verloofde van zijn vriend Frantz had gestolen. Hij kon niet van zijn leven met Yvonne genieten zolang hij de last van dit geheim droeg en wist dat Frantz en Valentine tot ongeluk waren.

Een jaar na de dood van Yvonne keert Meaulnes terug naar het landgoed en neemt Frantz en Valentine, die inmiddels getrouwd zijn, mee. Dan verneemt hij dat zijn vrouw dood is en dat hij een dochter heeft.

KARAKTERSTUDIE

FRANÇOIS SEUREL

Hoewel François Seurel de verteller van de roman is, is hij niet de held: zijn rol bestaat erin het verhaal van De Grote Meaulnes te vertellen. Hij is 15 jaar oud en woont in het dorpje Sainte-Agathe, in de Sologne, vlakbij Vierzon, met zijn vader, Monsieur Seurel, en zijn moeder, Millie genaamd. Zij zijn beiden leraar en geven les aan François en de andere kinderen van het dorp in hun huis van rode baksteen, op het terrein van de hogere school van Saint-Agathe. François is een verlegen, ernstig en enigszins eenzaam kind: bovendien heeft hij door een knieprobleem zijn hele jeugd lang niet met andere kinderen van zijn leeftijd kunnen spelen.

De komst van Meaulnes zet zijn leven op zijn kop. Net als de andere kinderen bewondert hij De Grote Meaulnes en wordt zijn naaste vertrouweling. Nadat de twee jongens elkaar hebben ontmoet, heeft François geen last meer van zijn knie en begint voor hem een spannend nieuw leven. Hij is gefascineerd door het verhaal van Augustin en droomt ervan met hem op avontuur te gaan. Hoewel hij veel minder lef heeft dan zijn vriend, gaat hij met hem mee op zoek naar het verloren land. Hij is aan hem gehecht omdat hem bewondert en zich naast hem voelt opgroeien.

Tegen alle verwachtingen in is hij degene die Yvonne de Galais vindt – en niet Augustin, die lang tevergeefs naar haar heeft gezocht – en de ontmoeting tussen haar en Augustin stand brengt. Wanneer Meaulnes hen plotseling verlaat om Frantz' verloofde te gaan zoeken, ontfermt François zich over Yvonne, die zwanger is, en vervolgens over haar dochter. François ontwikkelt zich dus aanzienlijk in de loop van de roman en verandert van een passieve, verlegen jongen in een actieve, beschermende man. Door tijd door te brengen met Meaulnes wordt hij een gedurfde tiener, die na het vertrek van zijn vriend uitgroeit tot een man.

Augustin's terugkeer naar zijn leven is getint met spijt. Meaulnes vertrekt weer met zijn dochter, op wie François dol was geworden: "Ik voelde dat de Grote Meaulnes was terug-gekomen om mij de enige vreugde te ontnemen die hij mij had nagelaten" (p. 223). François is dus teleurgesteld maar, zoals altijd wanneer hij bij zijn vriend is, vervuld van verwon-dering: "toch besefte ik dat het meisje eindelijk de metgezel had gevonden op wie zij onbewust had gewacht" (p. 222).

AUGUSTIN MEAULNES

Augustin Meaulnes, naar wie de roman is vernoemd, is de held van het verhaal. Hij is een 17-jarige jongen met kortge-knipt haar, die de bijnaam "De Grote Meaulnes" krijgt van zijn klasgenoten, die onder de indruk zijn van zijn leeftijd en zijn grootte. Hij komt aan het begin van het verhaal bij de Seurels wonen (voorheen woonde hij met zijn moeder in La Ferté-d'Angillon), en trekt al snel aandacht van alle leerlingen. Hij is een mysterieus en avontuurlijk personage: Hij verkiest de natuur te verkennen boven praten, en houdt van spelletjes. Hij is ook een romanticus: Hij houdt van het absolute en droomt van een zuivere en perfecte liefde. Hij wordt verliefd op Yvonne de Galais en wijdt een deel van zijn leven aan het zoeken naar haar: meer dan een tienerliefde, vertegenwoordigt zij het ideaal waar hij van droomt. Later begint hij een relatie met Valentine Blondeau, van wie hij op een meer volwassen manier houdt. Deze liefde is meer doordacht dan zijn liefde voor Yvonne, omdat hij nu volwassen is, maar heeft geen toekomst: als hij ontdekt dat zij de voormalige verloofde van Frantz is, voelt hij zich schuldig en verlaat haar.

Als hij Yvonne jaren later weer ontmoet, is hun huwelijk getint met verdriet vanwege de herinnering aan Valentijn, en vanwege Augustins onvermogen om gelukkig te zijn met wat hij heeft. Hij is altijd op zoek naar het ideaal en lijkt, nadat hij zich zijn leven lang zijn hereniging met Yvonne heeft verbeeld, ongelukkig nu hij heeft wat hij wil. Hij is altijd onderweg en kan niet stil blijven zitten: uiteindelijk vertrekt hij op zoek naar Valentine om zijn fouten (jegens haar en Frantz) recht te zetten, en als hij terugkomt en ziet dat alleen zijn dochter nog over is, loopt hij met haar nieuwe avonturen te beleven.

De lezer weet nooit echt wat Augustin voelt, omdat hij steeds door de ogen van François wordt beschreven. Naarmate het verhaal vordert, drijven de twee vrienden door Augustins avonturen uit elkaar, zodat François zich alleen maar kan voorstellen wat zijn vriend voelt.

YVONNE DE GALAIS

Meaulnes wordt stapelverliefd op Yvonne tijdens het feest in Les Sablonnières. Zij verschijnt slechts zelden in de roman, omdat zij het voorwerp is van Augustins zoektocht. Zij is een jong meisje met lang blond haar en een buitenaardse schoonheid. Haar fragiele fysieke verschijning lijkt een voorbode van haar dood. Haar karakter contrasteert echter met haar uiterlijk, want ze is assertief en sterk. Ze is ook vrijgevig en onzelfzuchtig. Ze wordt erg close met François: na het vertrek van Augustin bezoekt hij haar vaak, en ze begint hem in vertrouwen te nemen. Dit maakt haar dood nog tragischer, omdat het haar belet haar relatie met Augustin te leven.

Yvonne is de literaire dubbelganger van Yvonne de Quiévrecourt (1885-1964), een jonge vrouw op wie Alain-Fournier smoorverliefd werd toen hij 19 was.

FRANTZ DE GALAIS

Frantz de Galais is de broer van Yvonne, en kreeg als kind alles wat hij wilde. Vanwege hem organiseerde zijn vader het vreemde feest waarbij hij wilde trouwen met Valentine Blondeau, een jong meisje dat hij onlangs had ontmoet. Nadat zijn verloofde hem had verlaten, was hij zo wanhopig dat hij een zelfmoordpoging deed. Door te kiezen voor een zwervend bestaan met zijn vriend Ganache zet hij zijn grillige jeugd voort en weigert hij een normaal leven te leiden en volwassen worden.

Later vraagt hij Meaulnes om zijn verloofde te vinden, en aan het eind van de roman wordt hij herenigd met Valentine.

VALENTINE BLONDEAU

Valentine Blondeau is de verloren verloofde van Frantz. Levendig en omgeven door een aura van onwerkelijkheid, loopt ze op haar trouwdag weg omdat ze niet kan geloven in zoveel geluk. Toch denkt ze voortdurend aan Frantz.

Later wordt ze verleid door Augustin Meaulnes. Meaulnes ontdekt iets meer dan een tienerliefde met haar, maar loopt uiteindelijk weg als hij ontdekt wie ze werkelijk is, voordat hij haar uiteindelijk terugbrengt naar haar verloofde Frantz.

MONSIEUR DE GALAIS

Monsieur de Galais is de vader van Frantz en Yvonne. Hij is officier en woont na de verdwijning van zijn zoon alleen met zijn dochter. Nadat Frantz' huwelijk is afgeblazen, is hij geruineerd en wordt zijn landgoed gedeeltelijk verwoest. Na het overlijden van zijn dochter sterft hij van verdriet.

ANALYSE

DE AUTOBIOGRAFISCHE DIMENSIE VAN DE ROMAN

Dankzij het belangrijke autobiografische element in *Le Grand Meaulnes* kon de auteur zijn personages gebruiken om bepaalde delen van zijn eigen leven te herbeleven:

- Allereerst deelt de auteur een deel van zijn levensverhaal met de verteller, François Seurel. Net als François was hij de zoon van schoolmeesters, bracht hij zijn jeugd door in de Sologne en hield hij van boeken en fietstochten.

- Het personage van De Grote Meaulnes kan ook gezien worden als een dubbelganger van Alain-Fournier. Net als hij had hij enige macht over zijn klasgenoten en kon hij hen leiden waarheen hij wilde. Bovendien herinnert het dorp waar hij geboren is, La Chapelle-d'Angillon, aan de naam van de woonplaats van de held van de roman, La Ferté-d'Angillon. De held en de auteur lijken echter het meest op elkaar in hun liefde voor de jonge vrouw Yvonne. Alain-Fournier werd verliefd op Yvonne de Quiévrecourt in 1905, toen hij 19 was, dicht bij de leeftijd van Augustin Meaulnes wanneer hij Yvonne de Galais ontmoet. Hun ontmoeting lijkt op die van de personages: de jonge Alain-Fournier zag Yvonne voor het eerst in het Grand Palais in Parijs toen zij op een rivierboot zat, en toen hij haar volgde, draaide zij zich om om hem aan te kijken. Lange tijd wachtte Alain-Fournier onder de ramen van de jonge vrouw op wie hij verliefd was. Uiteindelijk verzamelde hij de moed om haar aan te spreken toen hij de kerk in Saint-Germain-des-Prés verliet. Na hem te hebben aangehoord, vroeg de jonge vrouw hem niet meer te proberen haar te zien, en twee jaar later ontdekte hij dat ze getrouwd was.

Alain-Fournier gebruikt en transformeert dus een aantal elementen uit zijn eigen leven in de roman: De korte ontmoeting van Yvonne en Augustin, de boot (net zoals de auteur Yvonne de Quiévrecourt op een rivierboot ontmoette, ziet Augustin Yvonne de Galais en vertelt hij haar dat ze mooi is tijdens een boottocht de dag na het feest), hun korte gesprekken, en de wanhoop van de wetenschap dat degene van wie hij houdt getrouwd is.

TUSSEN DROOM EN WERKELIJKHEID

Le Grand Meaulnes schakelt voortdurend tussen het reële en het imaginaire. Zo transformeren plaatsen voortdurend, van echte, autobiografische elementen naar denkbeeldige locaties in de roman.

Zo geeft de auteur een zeer nauwkeurige beschrijving van het leven in een dorp waar publieke figuren, ambachtslieden en boeren wonen. Hij geeft een getrouw beeld van de kenmerken van deze laat-19e-eeuwse plattelandssamenleving, zoals de leerlingen "die gewoonlijk de varkens en geiten verjagen door stenen naar ze te gooien wanneer ze op het schoolplein komen om van de alyssumbladeren te knabbelen" (p. 21). Bovendien integreert Alain-Fournier de manier van spreken van gewone mensen in zijn dialogen en gebruikt hij landelijke of provinciale uitdrukkingen om de mensen en scènes die hij beschrijft realistischer te maken.

Het schoolleven wordt minutieus beschreven: de bureaus, de morele principes, de houtkachel, enz. In die zin vertoont het boek veel overeenkomsten met de *roman du terroir* (plattelandsroman). Maar zelfs binnen deze realistische setting vinden we droomachtige passages, die lijken op fragmenten uit een sprookje. Deze twee registers zijn vooral in het eerste deel zodanig met elkaar verweven dat de lezer niet weet of de gebeurtenissen echt hebben plaatsgevonden of dat ze door Augustin zijn verzonnen.

 ## ROMAN DU TERROIR

Deze term werd oorspronkelijk gebruikt om 19^e- en 20^e-eeuwse romans aan te duiden die het leven van Canadese boeren beschreven. Bij uitbreiding wordt de term nu gebruikt voor romans die een realistische beschrijving geven van de traditionele, landelijke manier van leven in dorpen, waarbij de landbouw en het handwerk worden geprezen.

De droomachtige stijl van de beschrijving van het "Landgoed zonder naam" (p. 168) zozeer van het realistische register dat voor en na Augustins wordt gebruikt, dat het avontuur verzonnen lijkt, of deel uitmaakt van een droom. Terwijl de auteur aan het begin van de roman een realistische beschrijving geeft van het traditionele einde van een zondagse kerkdienst ("Die zondag hield een gebeurtenis voor de kerk me na de dienst buiten. De kinderen hadden zich verzameld om in het portaal naar een doop te kijken", p. 7), de sfeer op het verloren landgoed lijkt veel vreemder. De auteur gebruikt het stijlmiddel van de accumulatie om de drukte van mensen en beweging op het feest te beschrijven, en beschrijft de vreemde mensen alsof ze niet echt zijn:

> *"[Augustin] stond daar in zijn grote overjas, als een jager, voorovergebogen en met gespitste oren, toen een buitengewoon kleine jongeman uit het nabijgelegen gebouw kwam, dat leeg had geleken. Hij had een nauwsluitende hoge hoed die in het donker glansde alsof hij van zilver was, een jas met de kraag hoog in de lucht, een zeer laag uitgesneden vest en een broek met stijgbeugels… Deze dandy, die misschien vijftien jaar oud was, liep op zijn tenen alsof hij werd opgetild door het elastiek onder zijn voeten, maar met een verbazingwekkende snelheid. Hij groette Meaulnes toen hij langsliep, zonder te stoppen, en maakte een diepe buiging. Daarna verdween hij in het donker in de richting van het hoofdgebouw – de boerderij, het kasteel of de abdij – waarvan het torentje de jongen sinds het begin van die middag de weg had gewezen" (blz. 54).*

Ook Les Sablonnières, gepresenteerd als een kinderparadijs, heeft iets bovennatuurlijks. Het bestaat uit elementen die rechtstreeks uit een sprookje of ridderroman lijken te komen. Zo doen het mooie meisje (Yvonne de Galais, wier charme Augustin betovert) en het verloren kasteel midden in het bos denken aan *Doornroosje* (1697) van Charles Perrault (Franse schrijver, 1628-1703) en *Schoonheid en het Beest* (1740) van Gabrielle-Suzanne Borbot de Villeneuve (Franse schrijfster, 1685-1755):

> *"Tussen twee witte palen, op de hoek van het bos, vond Meaulnes de ingang van een laan en begon deze af te dalen. Na enkele stappen bleef hij staan, verbaasd en overmand door een gevoel dat hij niet kon verklaren. Hoewel hij met dezelfde vermoeide benen had gelopen en de ijzige wind zijn lippen bevroor en hem soms de adem ontnam, steeg hem toch een buitengewoon gevoel van tevredenheid tegemoet, een gevoel van volmaakte, bijna bedwelmende rust: de zekerheid dat hij zijn doel had bereikt en dat hem voortaan alleen nog geluk wachtte" (blz. 46).*

Augustins verblijf op het verloren landgoed behoort tot het rijk van het vreemde: zo wordt de plek meerdere malen aangeduid als het "vreemde landgoed". De slaapkamer die hij betreedt staat vol met bizarre, ouderwetse voorwerpen die uit een andere tijd lijken te stammen. Deze vreemdheid wordt nog versterkt doordat een belangrijk deel van Augustins avontuur nachts afspeelt.

De overgang tussen het reële en het imaginaire wordt vaak gemarkeerd door de slaap, die een essentiële rol speelt in de ontwikkeling van de gebeurtenissen. Meaulnes droomt namelijk over het landgoed en Yvonne voordat hij ze in het echt ziet:

> "Hij herinnerde zich een droom, of eigenlijk een visioen dat hij als klein kind had gehad – iets wat hij nooit aan iemand had verteld. Op een ochtend werd hij wakker in zijn kamer [...] en bevond zich in een lange groene kamer met wandkleden als bosgroen. Het licht dat hier binnenstroomde was zo zoet dat je het gevoel had dat je het kon proeven. Naast het dichtstbijzijnde raam zat een meisje te naaien, met haar rug naar hem toe gekeerd, alsof ze wachtte tot hij wakker werd... Hij had niet de kracht gehad om uit bed te glippen en door zijn betoverde herenhuis te lopen. Hij was weer gaan slapen" (p. 45).

Tijdens zijn verblijf op het landgoed, na de boottocht, "gebeurde alles als in een droom" (p. 65). Als hij weer naar school gaat, heeft Meaulnes vaak dromen over jonge meisjes die op Yvonne lijken, zonder dat het hem lukt haar terug te vinden. Maar ook al lijkt Augustin's avontuur op het verloren landgoed onwerkelijk, hij brengt het bewijs terug van wat hij heeft meegemaakt: het zijden vest. Bovendien ontmoet hij later in het verhaal Frantz, en vervolgens Yvonne, in een realistische context.

Alain-Fournier integreert dus een droomachtige episode in een realistische omgeving, om gewicht te geven aan deze gebeurtenis die de roman en het leven van de twee personages op zijn kop zet. Het droomachtige aspect weerspiegelt ook de manier waarop Augustin de liefde ziet: omdat hij tijdens zijn avontuur verliefd werd op Yvonne, associeert hij het jonge meisje met dit droombeeld, wat verklaart waarom hij ongelukkig wordt wanneer hij haar weer ontmoet in de realistische context van het platteland en het feest voorbij is.

EEN COMING-OF-AGE EN AVONTUREN ROMAN

De gebeurtenissen in de roman vinden plaats wanneer François en Augustin respectievelijk 15 en 17 jaar oud zijn: het verhaal vertelt over hun overgang van kindertijd naar adolescentie, en vervolgens van adolescentie naar volwassenheid. Concreet wordt Augustin volwassen door zijn liefde voor Yvonne, terwijl François van kindertijd naar adolescentie gaat door tijd door te brengen met Augustin, en vervolgens van adolescentie naar volwassenheid wanneer zijn vriend hem verlaat. Het boek is dus een coming-of-age roman: de plot toont de ontwikkeling van een vaak jonge held die volwassen wordt. Dit genre wordt ook wel *Bildungsroman*, vormingsroman of opvoedingsroman genoemd. In *Le Grand Meaulnes* *beleven* de twee jonge personages avonturen die hen helpen volwassen te worden.

Avontuur

Le Grand Meaulnes is een avonturenroman. Het woord "avontuur" komt vaak voor (het is zelfs de titel van een hoofdstuk), te beginnen op de eerste bladzijden van de roman, wanneer de verteller het heeft over "de woning waar onze avonturen eb en vloed waren, brekende als golven op een eenzame rots" (p. 5). Met dit woord wordt de roman ook afgesloten: "al stelde ik me voor hoe hij op een avond zijn dochter in een mantel wikkelde en met haar op weg ging naar een nieuw avontuur" (p. 223).

Avontuur is gekoppeld aan het verlangen om te ontsnappen. Zoals in veel coming-of-age-romans, worden de jonge helden in beslag genomen door een verlangen om weg te gaan. Meaulnes is het eerste personage dat naar dit verlangen handelt: het hoofdstuk "Ontsnapping" vertelt over zijn ontsnapping van school om François' grootouders op te zoeken. François, die alleen achterblijft, denkt vervolgens voortdurend aan vluchten en verbeeldt zich dat Meaulnes hem roept om hem te volgen in zijn avonturen. Augustin van zijn kant beleeft gebeurtenissen die een ridderroman waardig zijn: hij vindt een vreemd kasteel en een meisje dat mooi genoeg is om een prinses te zijn. Hij komt getransformeerd terug en ziet eruit als "een vermoeide, hongerige maar verwonderlijke reiziger" (p. 26).

De kaart die Augustin tekent om het landgoed terug te vinden is duidelijk verbonden met de beroemde schatkaart uit de klassieke avonturenroman *Treasure Island* (1882) van Robert Louis Stevenson (Schotse schrijver, 1850-1894). De kaart wijst de weg naar het vergeten pad:

> *"Voor het eerst ben ook ik op weg naar het avontuur [...] Ik ben op zoek naar iets dat nog mysterieuzer is. Ik zoek de doorgang waarover ze in boeken schrijven, die met de ingang die de prins, moe van het reizen, niet kan vinden" (p. 118).*

Deze zoektocht naar het "landgoed zonder naam" is verbonden met verkenning en ontdekking. François neemt niet deel aan het buitengewone avontuur van Augustin, maar beleeft het in zekere zin door te putten uit boeken en zijn verbeelding.

De komst van Meaulnes haalt François uit zijn roes en opent voor hem nieuwe mogelijkheden van ontsnapping en avontuur. Zo: "Nu Meaulnes weg was, was ik niet langer zijn metgezel in het avontuur, de broer van die padvinder. Ik werd weer een dorpsjongen zoals de rest" (p. 125). Maar ook al is Meaulnes vertrokken, het avontuur gaat door. François is gehard door de jaren die hij met Augustin heeft doorgebracht, en zal niet terugkeren naar een passief personage. Hij is bijvoorbeeld degene die Yvonne vindt. Net als Augustin komt ook François volwassener uit deze zoektocht.

De coming-of-age roman

De coming-of-age roman volgt de ontwikkeling van een jonge held die opgroeit dankzij de avonturen die hij beleeft.

Augustin Meaulnes is de held van de roman: hij geeft het boek zijn naam, en het hele verhaal draait om hem, ook als hij er niet bij is. Bovendien begint het verhaal met zijn aankomst in het huis van de Seurels. Hij is een rebelse en soms piekerende jongen die zich hopeloos aangetrokken voelt tot het buitenleven en het idee van ontsnappen. In tegenstelling tot zijn vriend François is hij altijd actief. Hij wint al snel de bewondering van de andere leerlingen, dus is het logisch dat hij degene is die het avontuur begint door te ontsnappen naar de sprookjesachtige woning van Les Sablonnières.

Het register van dit avontuur staat dicht bij de middeleeuwse initiatieroman. De gebeurtenissen die Augustin meemaakt zijn namelijk gebaseerd op het klassieke actantiale model. De "ridder", Augustin Meaulnes, begint aan een zoektocht, namelijk de zoektocht naar absolute liefde: hij gaat op zoek naar zijn prinses, Yvonne de Galais, en zijn mysterieuze kasteel, het landgoed zonder naam. De hele plot van de roman is opgebouwd rond deze zoektocht. Augustin is de zender van de zoektocht, want hij is de persoon die erachter zit, maar ook de ontvanger, want hij profiteert ervan (hij trouwt uiteindelijk met Yvonne). Zoals in elke zoektocht helpen sommige personages (de helpers) de held om zijn doel te bereiken, terwijl anderen (de tegenstanders) hem proberen tegen te houden. François is een helper, want hij besluit samen met zijn vriend op zoek te gaan naar het verloren land. Frantz is meer dubbelzinnig: hij geeft Augustin een voltooide kaart die leidt naar het mysterieuze landgoed, evenals het adres van Yvonne in Parijs (helper), maar verschijnt opnieuw om zijn huwelijk met Yvonne te verbreken, als Meaulnes vertrekt om Valentine te zoeken (tegenstander).

Door zijn zoektocht beleeft Augustin niet alleen een reis en verkenning, maar ook liefde (dankzij Yvonne en Valentine). Door deze beproevingen wordt hij volwassen. Hij gaat van adolescentie naar volwassenheid, omdat hij uiteindelijk trouwt en vader wordt. Omdat hij de held is en avontuurlijk, voltooit hij een inwijdingsreis in de stijl van de ridderlijke fictie.

Hij is ook een soort grote broer en leraar voor François, die volwassen wordt door tijd met Augustin door te brengen en ervaringen met hem te delen. Voordat hij De Grote Meaulnes ontmoette, was hij een verlegen, gereserveerde en ietwat vreemde jongen die onder controle stond van zijn ouders. Al snel ziet hij Augustin als een vriend en held: "Ik herinner me nog hoe goed mijn oudere vriend er op dat moment uitzag, ondanks zijn uitgeputte blik en zijn bloeddoorlopen ogen, ongetwijfeld het resultaat van nachten in de open lucht"

(p. 27). Meaulnes ziet er nog beter uit omdat hij de sporen van zijn avontuur draagt: zijn ogen zijn bloeddoorlopen omdat hij de nacht buiten heeft doorgebracht en de regels heeft overtreden.

Door tijd door te brengen met Augustin ontdekt François ook broederliefde: de band tussen hen wordt niet verbroken door de tijd of door beproevingen. Wanneer hij Meaulnes ziet vertrekken om zijn studies in Parijs af te maken, heeft François "het gevoel dat in die oude koets mijn adolescentie voorgoed verdwenen was" (p. 124). Door hem in zijn avonturen te betrekken, heeft Augustin hem in de adolescentie gestort; door hem te verlaten, brengt hij hem in het volwassen leven. Het wilde avontuur is voorbij, en de tijd verstrijkt zo snel in de roman dat François enkele bladzijden later leraar is geworden.

Augustin, van zijn kant, heeft het volwassen leven ervaren dankzij Yvonne: zij is het object van zijn zoektocht, en door het volbrengen van de zoektocht wordt hij echtgenoot en vader. Wanneer hij vertrekt, neemt François de rol van echtgenoot op zich in de afwezigheid van zijn vriend. Hoewel ze niet verbonden zijn door liefde, wordt François de vertrouweling van Yvonne en zorgt hij zelfs voor haar dochter alsof het zijn eigen kind is. Zo verandert hij van een schuchtere en passieve 15-jarige jongen in een surrogaat echtgenoot en vader. Als zodanig ondergaat François ook een inwijdingsreis: hij toont moed en trouw aan zijn vriend door zijn nieuwe, bewogen leven te aanvaarden, en vervolgens door voor zijn vrouw en dochter te zorgen. Ten slotte toont hij zijn gevoel voor moraal door het kleine meisje dat hij heeft opgevoed met Augustin te laten vertrekken, ondanks het verdriet dat dit hem doet.

Ontgoocheling

De ontwikkeling van François en Augustin gaat gepaard met hartzeer, want zij worden verscheurd tussen toekomst en verleden en tussen droom en werkelijkheid. François blijft lang stilstaan bij de geneugten van zijn kindertijd, terwijl Augustin lijdt wanneer hij volwassen wordt en zijn illusies onder ogen moet zien. Wanneer François Meaulnes ontmoet en ermee bevriend raakt, voelt hij zich zowel gelukkig als nerveus. Evenzo herinnert hij zich de "mengeling van plezier en angst" (p. 16) die hij voelde op de dag voor de ontsnapping van zijn vriend. Avontuur, en dus bevrijding, komt bij hem voort uit pijn:

> *"Maar er kwam iemand die me wegvaagde van al deze rustige, kinderlijke geneugten – iemand die de kaars uitdoofde die zijn licht had geworpen op het zachte gezicht van mijn moeder terwijl zij ons avondeten bereidde; iemand die het licht uitdeed waar we op die avonden als een gelukkig gezin omheen zaten, nadat mijn vader de houten luiken voor de Franse ramen had gesloten. En die iemand was Augustin Meaulnes, die spoedig door de andere leerlingen 'De Grote Meaulnes' zou worden genoemd"* (blz. 12).

Augustin is de persoon die het einde van François' kindertijd inluidt. Hij haalt hem uit het familienest en laat hem kennismaken met de harde omgeving van de volwassen wereld. Voor hem wordt deze overgang gekenmerkt door heimwee naar een verloren geluk. Hoewel François blij is een nieuw leven met Augustin te ontdekken, ervaart hij aanvankelijk een gevoel van melancholie als hij beseft dat de vredige vreugde en de zorgeloosheid van de kindertijd voorbij zijn.

Voor Augustin wordt de overgang naar volwassenheid gesymboliseerd door de overgang van idealisme naar desillusie.

Wanneer hij Yvonne de Galais eindelijk terugvindt, geniet hij niet van hun hereniging omdat hij nog steeds geobsedeerd is door hun eerste ontmoeting. Hij lijkt niet te willen geloven dat de familie de Galais hun eigendom heeft moeten verkopen en dat het landgoed in verval is geraakt:

> *"Ze praatten; maar steevast, met een hardnekkigheid waarvan hij zich zeker niet bewust was, bleef Meaulnes terugkomen op alle wonderen uit het verleden, en elke keer moest het meisje jammerlijk herhalen dat het allemaal verdwenen was: het oude herenhuis, dat zo vreemd en zo ingewikkeld was, was afgebroken; het grote meer was opgedroogd en gedempt; de kinderen, met hun verrukkelijke kostuums, waren hun eigen weg gegaan…" (p. 166).*

Meaulnes komt niet meer bij van dat idyllische sprookjesmoment. Wanneer hij eindelijk de vrouw van wie hij houdt terugvindt, vraagt zijn vriend zich af: "Waar had hij dan die leegte, dat onvermogen om geluk te ervaren gevonden die nu in hem zat?" (p. 167). De idealistische Meaulnes wordt gevloerd door desillusie en wordt daardoor wreed. Zonder het te beseffen bederft hij zijn geluk: hij loopt de dag na zijn huwelijk weg en schrijft niet meer. Hij vertrouwt François ook toe dat "toen ik het landgoed zonder naam ontdekte, ik een hoogte bereikte, een graad van perfectie en zuiverheid die ik nooit meer zal bereiken. Alleen in de dood, zoals ik je ooit schreef, kan ik misschien de schoonheid van die tijd heroveren" (p. 158). Augustin lijdt en laat anderen lijden omdat hij dromen verkiest boven de werkelijkheid.

De overgang van kindertijd naar volwassenheid is dan ook getint met pijn en nostalgie. Het einde van de roman verzinkt in droefheid, omdat het ene personage een bittere scheiding tussen droom en werkelijkheid heeft doorgemaakt, terwijl het andere personage afscheid heeft moeten nemen van de onschuld en geborgenheid van de kindertijd.

VERDERE REFLECTIE

ENKELE VRAGEN OM OVER NA TE DENKEN...

- Tot welk genre behoort deze roman volgens u?

- Deze roman heeft een autobiografisch aspect: de auteur geeft sommige van zijn trekken aan François Seurel en sommige aan Augustin Meaulnes. Wat zijn deze kenmerken? Onderzoek het leven van de auteur om je te helpen antwoorden.

- Kan *Le Grand Meaulnes* omschreven worden als een autobiografische roman? Motiveer uw antwoord.

- Lijkt het verslag van Augustinus' avontuur op een sprookje? Motiveer je antwoord.

- Waarom kan worden gezegd dat *Le Grand Meaulnes* lijkt op de middeleeuwse initiatieroman?

- Wat zijn de hoofdthema's van de roman?

- Wat zoekt Augustin Meaulnes eigenlijk?

- Welke delen van de roman kunnen worden geclassificeerd als het echte leven en welke als onderdeel van het imaginaire, of zelfs het fantastische? Is er een duidelijke grens tussen het reële en het imaginaire? Leg je antwoord uit.

- Hoe stelt de auteur de twee jonge meisjes Yvonne de Galais en Valentine Blondeau voor?

- Vergelijk het boek van Alain-Fournier met de twee verfilmingen ervan, geregisseerd door Jean-Gabriel Albicocco (1967) en Jean-Daniel Verhaeghe (2006). Welke van deze verfilmingen is het meest getrouw aan het boek? Leg je antwoord uit.

VERDER LEZEN

REFERENTIE-UITGAVE

Alain-Fournier, H. (2007) *Het verloren landgoed (Le Grand Meaulnes)*. Trans. Buss, R. Londen: Penguin.

AANPASSINGEN

Le Grand Meaulnes. (1967) [Film]. Jean-Gabriel Albicocco. Dir. Frankrijk: Madeleine Films, AWA Films, Pathé Consortium Cinéma, La Société des Films Sirius, Union Générale Cinématographique.

Le Grand Meaulnes. (2006) [Film]. Jean-Daniel Verhaeghe. Dir. Frankrijk: Mosca Film.

*We horen graag van jou! Laat
een reactie achter op jouw online bibliotheek
en deel je favoriete boeken op social media!*

De uitgever garandeert de betrouwbaarheid van de gepubliceerde informatie, die echter niet onder zijn verantwoordelijkheid valt.

www.50minutes.com

Master ISBN: 9782808688420
Papier ISBN: 9782808699822
Wettelijk depot: D/2023/12603/1262

Omslag: © Primento

Digitaal ontwerp: Primento, de digitale partner van uitgevers.